Bibliografische Information der Deutschen Nationalbibliothek:

Die Deutsche Bibliothek verzeichnet diese Publikation in der Deutschen National-
bibliografie; detaillierte bibliografische Daten sind im Internet über http://dnb.d-
nb.de/ abrufbar.

Impressum:

Copyright © 2016 GRIN Verlag, Open Publishing GmbH
Druck und Bindung: Books on Demand GmbH, Norderstedt Germany
ISBN: 9783668338029

Dieses Buch bei GRIN:

http://www.grin.com/de/e-book/343079/berlin-hat-talent-ein-projekt-zur-beurtei-
lung-der-sportlichen-und-motorischen

Anonym

"Berlin hat Talent". Ein Projekt zur Beurteilung der sportlichen und motorischen Fähigkeiten von Grundschülern

GRIN Verlag

GRIN - Your knowledge has value

Der GRIN Verlag publiziert seit 1998 wissenschaftliche Arbeiten von Studenten, Hochschullehrern und anderen Akademikern als eBook und gedrucktes Buch. Die Verlagswebsite www.grin.com ist die ideale Plattform zur Veröffentlichung von Hausarbeiten, Abschlussarbeiten, wissenschaftlichen Aufsätzen, Dissertationen und Fachbüchern.

Besuchen Sie uns im Internet:

http://www.grin.com/

http://www.facebook.com/grincom

http://www.twitter.com/grin_com

„Berlin hat Talent" –

Ein Projekt zur Beurteilung der sportlichen und motorischen Fähigkeiten von Grundschülern

Inhaltsverzeichnis

1 Einleitung

Ziel dieser Arbeit ist die Darstellung und Analyse der im Rahmen des Projekts „Berlin hat Talent" durchgeführten Untersuchungen zur Ermittlung motorischer und soziologischer Daten von Drittklässlern.

Zu Beginn erfolgt eine theoretische Einführung in die Struktur und den Aufbau des Projekts. Dazu wird zunächst die Projektorganisation beleuchtet und allgemein auf die Projektbestandteile eingegangen. Anschließend werden die Bestandteile detailliert beschrieben und hinsichtlich ihrer Auswertungskriterien dargestellt.

Abschließend werden Empfehlungen zur Optimierung der einzelnen Projektbestandteile ausgesprochen.

2 Projektorganisation

In diesem Kapitel erfolgt eine Beschreibung des Projekts „Berlin hat Talent", auf welchem die vorliegende Arbeit basiert. Zunächst wird der „Deutsche Motorik-Test (DMT)", der einen von insgesamt zwei Teilen des Projekts darstellt, beschrieben. In diesem Zusammenhang wird sowohl auf den Testaufbau als auch auf die grundlegenden Inhalte der Testauswertung eingegangen. Anschließend erfolgt ein Einblick in den begleitenden Fragenkatalog und dessen Bezug zum Deutschen Motorik-Test.

„Berlin hat Talent" ist ein Projekt vom Landessportbund Berlin (LSB), in Zusammenarbeit mit der Berliner Senatsverwaltung und der Hochschule für Gesundheit & Sport, Technik & Kunst, die dabei als wissenschaftlicher Partner fungiert. Mithilfe dieses Projekts sollen die motorischen Fähigkeiten und das Sportverhalten von Schülerinnen und Schülern der dritten Klassen in Berlin untersucht und kontinuierlich verbessert werden. In diesem Rahmen wird der wissenschaftlich fundierte Deutsche Motorik-Test, der in Deutschland vollständig Anerkennung findet, für die Untersuchung der motorischen Fähigkeiten und Fertigkeiten der Kinder eingesetzt. Die ermittelten Daten werden anhand eines Vergleichs mit Normwerten deutscher Kinder desselben Alters in fünf unterschiedliche Leistungsklassen (LKs) unterteilt. Ergänzt wird der Deutsche Motorik-Test um einen Fragebogen, der sich den sozialen und sportlichen Zusammenhängen widmet (vgl. Abraldes Rois & Zinner, 2014, S. 8). Neben den bereits genannten Partnern wird das Projektteam durch weitere Unternehmen komplettiert. Als Marketinggesellschaft des Landessportbundes Berlin verantwortet „TOP Sportmarketing Berlin" sämtliche Aufgaben rund um die Kommunikation und die Öffentlichkeitsarbeit.

Darüber hinaus erfährt das Projekt finanzielle Unterstützung durch die Berliner Sparkasse sowie die AOK Nordost (vgl. Schmidt, 2015).

In der nachfolgenden Abbildung werden die Zusammenhänge der an dem Projekt beteiligten Unternehmen und Institutionen aufgezeigt.

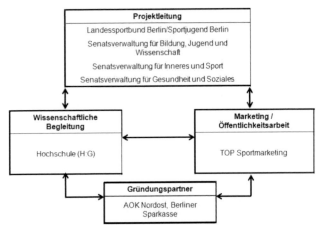

Abb. 1: „Berlin hat Talent" – Zusammensetzung des Projektteams[1]

Das Projekt „Berlin hat Talent" ist in Deutschland einzigartig. Da das Aktivitätsniveau der Kinder in Deutschland seit vielen Jahren kontinuierlich abgenommen hat, ist es wichtig dieser Entwicklung entgegenzuwirken (vgl. Schmidt, 2015). Ab dem Jahr 2016 soll das Projekt aus diesem Grund flächendeckend in ganz Berlin eingeführt werden (vgl. Neuendorff, 2015). Es handelt sich um ein nachhaltiges Vorhaben, das sowohl die Unterrichtsqualität des Schulsports verbessern als auch talentierte und weniger talentierte Kinder fördern und fordern soll (vgl. Schmidt, 2015). Diejenigen Kinder, die durch ihre motorischen Defizite auffallen, sollen für den Sport begeistert und in ausgewählte Sportvereine vermittelt werden. Besonders talentierte Kinder werden zu „Talentiaden" eingeladen, bei denen sie unterschiedliche Sportarten kennenlernen und ausprobieren können. Im Optimalfall werden diese im weiteren Verlauf in Förderprogramme aufgenommen und in einer der drei Eliteschulen des Sports in Berlin gefördert (vgl. Neuendorff, 2015).

In der folgenden Abbildung wird der Weg für talentierte Kinder sowie Kinder mit Defiziten anhand der einzelnen vorgesehenen Stationen genau dargestellt. Das Vorgehen des

---

[1] Vgl. Berlin hat Talent (o. J.). *Das Projektteam.*

Projekts „Berlin hat Talent" lässt sich auf diese Weise aufschlüsseln und im Detail nachvollziehen.

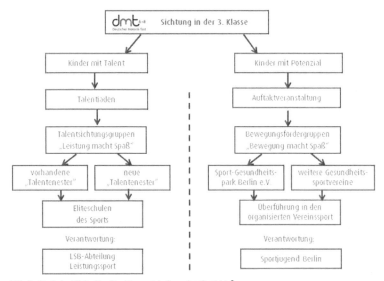

Abb. 2: „Berlin hat Talent" – Struktur und Aufbau des Projekts[2]

3 Deutscher Motorik-Test (DMT)

3.1 Aufbau

Der Deutsche Motorik-Test stellt ein wissenschaftlich fundiertes Testverfahren zur Untersuchung der sportlichen und motorischen Leistungsfähigkeit von Kindern im Alter von 6 bis 18 Jahren dar. Der Test beinhaltet acht unterschiedliche Stationen, an denen Kraft, Schnelligkeit, Ausdauer, Beweglichkeit und Koordination getestet werden. Neben den genannten motorischen Fähigkeiten werden zudem die Größe und das Gewicht der Kinder ermittelt. Die notwendige Komplexität des Testverfahrens, um eine ausführliche Erfassung motorischer Daten zu gewährleisten, wird in Tabelle 4 deutlich (vgl. LfdS, 2012, S. 1).

---

[2] Vgl. Berlin hat Talent (o. J.). *Hintergrundinformationen.*

Abb. 3: Dimensionalität des DMT

Aufgabenstruktur		Motorische Fähigkeiten					Passive Systeme der Energie-übertragung
		Ausdauer AA	Kraft KA SK	Schnelligkeit AS	Koordination KZ KP		Beweglichkeit B
Lokomotions-bewegungen	gehen, laufen	6-Min		20m		Bal rw	
	Sprünge		SW			SHH	
Teilkörper-bewegungen	Obere Extremitäten		LS				
	Rumpf		SU				RB

Anmerkung: 6-Min (Sechs-Minuten-Ausdauerlauf); SW (Standweitsprung); LS (Liegestütz); SU (Sit-Ups); 20m (20-Meter-Sprint); Bal rw (Balancieren rückwärts auf einem Balken); SHH (Seitliches Hin- und Herspringen); RB (Rumpfbeuge)

Mithilfe des DMT können aussagekräftige Daten zur Leistungsfähigkeit der Schüler erhoben werden, die im Schulsportunterricht auf diese Weise nicht erkannt werden (vgl. LdfS, 2012, S. 1f.).

Für eine reibungslose Durchführung des Deutschen Motorik-Test ist es notwendig, dass eine ausreichend große Sporthalle sowie eine Vielzahl von Testmaterialien vorhanden sind. Die Tester müssen sowohl über die einzelnen Stationen als auch über die einheitliche Dokumentation der Daten genauestens informiert sein. Für die zu testenden Kinder müssen außerdem während der Aufgaben dieselben Voraussetzungen gewähr-leistet sein. Der Aufbau der Stationen kann aufgrund der unterschiedlichen Bedingungen in den Sporthallen an den einzelnen Schulen immer variieren. Er muss von den durch-führenden Personen an die vorhandenen Gegebenheiten angepasst werden.

In der nachfolgenden Abbildung ist der Testaufbau exemplarisch dargestellt (vgl. LdfS, 2012, S. 2f.).

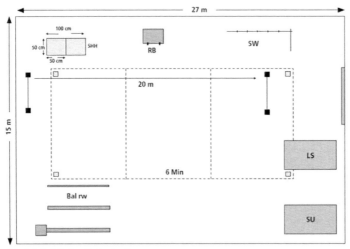

Abb. 4: Beispielhafter Testaufbau[3]

Die Ermittlung der Körpergröße sowie die Feststellung des Körpergewichts sind in der vorliegenden Abbildung nicht eingezeichnet. Üblicherweise werden diese anthropometrischen Messungen an der Station der Rumpfbeuge durchgeführt, da die Kinder während hierfür ihre Schuhe ausziehen müssen und dies bei der Rumpfbeuge ebenfalls notwendig ist. Der Test setzt sich aus folgenden acht Aufgaben zusammen (vgl. Bös & Seidel, 2009, S. 9ff.):

1. *20-Meter-Sprint (20m):*   Aktionsschnelligkeit
2. *Rückwärts Balancieren (Bal rw):*   Koordination bei Präzisionsaufgaben
3. *Seitliches Hin- und Herspringen (SHH):* Koordination unter Zeitdruck
4. *Standweitsprung (SW):*   Schnellkraft
5. *Rumpfbeuge (RB):*   Beweglichkeit
6. *Liegestütz (LS):*   Kraftausdauer
7. *Sit-Ups (SU):*   Kraftausdauer
8. *Sechs-Minuten-Ausdauerlauf (6min):* Aerobe Ausdauer

3.2 Auswertung und Kategorisierung nach Leistungsklassen

Bei wissenschaftlichen Untersuchungen werden üblicherweise Normwerte herangezogen, um die erhobenen Daten mit Referenzwerten zu vergleichen. Hierbei kann entweder nach

---

[3] Vgl. LdfS (2012). *Durchführungsvarianten für den Deutschen Motorik-Test.* S. 2.

kriterienbezogenen oder statistischen Normen vorgegangen werden. Bei der kriterienbezogenen Normierung werden die Daten nach einem festgelegten Gütemaßstab miteinander verglichen. Bei der statistischen Normierung erfolgt der Vergleich anhand empirischer Datensätze und ermöglicht zudem eine Unterscheidung zwischen Geschlecht und Alter. Bei der zweitgenannten Variante erfolgt die Orientierung entweder an Stichprobenhäufigkeiten (Prozenträngen) oder an Mittelwerten und Standardabweichungen. Hierbei ist die Ermittlung von Z-Werten notwendig, die die Differenz eines Rohwertes vom Mittelwert darstellt. Die erhobenen Daten des Deutschen Motorik-Test werden zur besseren praktischen Nutzbarkeit mithilfe der Z-Werte in fünf Leistungsklassen zusammengefasst (vgl. Bös et al. (a), 2009, S. 51f.).

In der folgenden Tabelle ist die Einteilung in Leistungsklassen anhand der theoretischen Herleitung der Z-Werte dargestellt

Abb. 5: Herleitung der Z-Wert-Bereiche[4]

Leistungsklassen	LK	Bereich von	bis
Leistungsklasse 1	LK 1	Minimum	$RW = (MW - 1\frac{1}{2}SD)$
Leistungsklasse 2	LK 2	$RW > (MW - 1\frac{1}{2}SD)$	$RW = (MW - 1\frac{1}{2}SD)$
Leistungsklasse 3	LK 3	$RW > (MW - 1\frac{1}{2}SD)$	$RW = (MW + 1\frac{1}{2}SD)$
Leistungsklasse 4	LK 4	$RW > (MW + 1\frac{1}{2}SD)$	$RW = (MW + 1\frac{1}{2}SD)$
Leistungsklasse 5	LK 5	$RW > (MW + 1\frac{1}{2}SD)$	Maximum

Es ist zu erkennen, dass die Einteilung der Leistungsklassen in der vorangegangenen Tabelle mittels Stichprobenhäufigkeiten vorgenommen wurde (vgl. Bös et al. (a), 2009, S. 53). Die Testauswertung kann auf drei unterschiedliche Arten ablaufen. Erstens die Interpretation der Einzeltestergebnisse für eine Differenzierung der Stärken und Schwächen, zweitens die Bildung eines Gesamtwertes für eine erste Einordnung der Leistungsfähigkeit und drittens die Profilauswertung für eine detailliertere Betrachtung der Ergebnisse (vgl. Bös & Seidel, 2009, S. 21).

Für die Interpretation der Einzeltests werden anhand von Normwerten Z-Werte, Prozentränge und Quintile bzw. Leistungsklassen bestimmt. Die Bildung eines Gesamtwertes wird lediglich zur Orientierung und als Richtwert für die allgemeine motorische Leistungsfähigkeit herangezogen. Er liefert eine Zusatzinformation darüber, ob die

---

[4] Vgl. Bös et al. (2009). *Deutscher Motorik-Test 6-18 (DMT 6-18).* S. 53.

Testperson insgesamt eine unterdurchschnittliche, durchschnittliche oder über-durchschnittliche Leistungsfähigkeit aufweist. Es werden die Z-Werte aller Testaufgaben berechnet, mit Ausnahme der Rumpfbeugen. Diese Übung testet lediglich die Beweglichkeit und wird in den Gesamtwert nicht mit einbezogen (vgl. Bös et al. (a), 2009, S. 61). Begründet wird dies nach Krüger und Neuber folgendermaßen:

Bei einem engen definitorischen Verständnis erscheint es (..) angebracht, Beweglichkeit nicht als Fähigkeit, sondern als eine weitgehend anatomisch determinierte personale Leistungsvoraussetzung der passiven Systeme der Energieübertragung anzusehen. (Krüger & Neuber, 2011, S. 341)

Der Gesamtwert bildet sich dann aus der Addition der sieben Z-Werte und der anschließenden Division durch die Anzahl der zugrundegelegten Einzeltests. Das Ergebnis wird daraufhin von weit überdurchschnittlich bis weit unterdurchschnittlich beurteilt. Hierzu wurde der Durchschnitt der Normwerte (Q 3 bzw. LK 3) mit einem Z-Wert von 100 festgelegt. Die einzelnen Quintile sowie die dazugehörigen Z-Wert-Bereiche sind in der nachfolgenden Tabelle skizziert (vgl. Bös et al. (a), 2009, S. 61).

Abb. 6: Darstellung der absoluten Z-Wert-Bereiche[5]

Z-Wert Bereich	Quintil	Bewertung
≤ 91,67	Q 1	weit unterdurchschnittlich
93 bis ≤ 97,5	Q 2	unterdurchschnittlich
98 bis ≤ 102,5	Q 3	durchschnittlich
103 bis ≤ 102,5	Q 4	überdurchschnittlich
>108,33	Q 5	weit überdurchschnittlich

Die Profilauswertung erfolgt in vier Schritten. Zunächst werden die Z-Werte für die Einzeltests gebildet. Die geschlechts- und altersspezifischen Z-Werte werden hierfür in den Auswertungsbogen übertragen. Im zweiten Schritt werden die einzelnen Dimensionen (Ausdauer, Kraft, Koordination unter Zeitdruck, Koordination unter Präzisionsdruck) ausgewertet. Der dritte Schritt dient der Erstellung eines Testprofils für die Dimensionen. Im

---

[5] Vgl. Bös et al. (2009). *Deutscher Motorik-Test 6-18 (DMT 6-18).* S. 61.

vierten und letzten Schritt erfolgt die Klassifikation des Testprofils anhand der Zuordnung in eines der vier Profile.

1. *Testprofil A:* Alle Ergebnisse durchschnittlich oder besser
2. *Testprofil B:* Alle Ergebnisse durchschnittlich
3. *Testprofil C:* Alle Ergebnisse durchschnittlich oder schlechter
4. *Testprofil D:* Alle Ergebnisse von unterdurchschnittlich bis überdurchschnittlich

Durch Einbeziehen der Dimensionswerte sowie des Gesamtwertes kann eine genauere Interpretation der Testprofile vorgenommen werden. Die Ergebnisse der Testprofile A, B und C können so innerhalb ihres Profils differenziert betrachtet werden. Das Ergebnis des vierten Testprofils (D) kann mit Hilfe des Gesamtwertes in überdurchschnittlich, durchschnittlich oder unterdurchschnittlich eingeteilt werden und überschneidet sich folglich mit einem der anderen Profile (vgl. Bös et al. (a), 2009, S. 61ff.).

4 Fragenkatalog

Parallel zum Deutschen Motorik-Test wird mit den teilnehmenden Kindern eine Befragung zu ihrem sportlichen und sozialen Umfeld vorgenommen. Der zweiseitige Fragebogen (siehe Anhang A) besteht aus fünf Teilen, die weitere Einflussgrößen auf die Leistung der motorischen Handlungen aufzeigen sollen. Im ersten Teil der Befragung wird ermittelt, welche Sportart die Kinder ausüben und wie häufig sie wöchentlich Vereinssport betreiben oder welchen Sport sie gegebenenfalls gerne betreiben würden. Der zweite Teil beinhaltet einige Fragen zum sportlichen Umfeld. Hierbei wird sowohl auf das Freizeitverhalten der Kinder als auch auf den Stellenwert des Sports in der Familie eingegangen. Die zwei darauffolgenden Teile haben zum Ziel, das Freizeitverhalten noch genauer zu identifizieren. Im letzten Teil des Fragebogens ist es die Aufgabe der Kinder, sich selbst einzuschätzen.

Die Schwerpunkte sowie die einzelnen Fragen wurden gezielt darauf ausgerichtet, die Ergebnisse des Deutschen Motorik-Test sinnvoll zu ergänzen. Durch die begleitende Befragung lassen sich Zusammenhänge zwischen der motorischen und sportlichen Leistungsfähigkeit der Kinder und ihrem sozialen Umfeld ermitteln. Zudem wurde der Fragebogen so konzipiert, dass er sich während der Durchführung des motorischen Tests realisieren lässt und keine zusätzliche Zeit in Anspruch nimmt. Der Fragebogen befindet sich zur genaueren Betrachtung im Anhang.

5 Schlussfolgerungen und Empfehlungen

5.1 Deutscher Motorik-Test

In diesem Abschnitt erfolgt ein Konzept zur Optimierung der Durchführung und der inhaltlichen Gestaltung des Deutschen Motorik-Test, welches auf den Erkenntnissen aus der Darstellung des Projekts basiert.

Während der Durchführung des DMT an den jeweiligen Schulen könnten einige Auffälligkeiten festgestellt werden, die sich hinsichtlich der Reliabilität negativ auswirken würden. So lassen sich beispielsweise Ungenauigkeiten bei der Messung des 20-Meter-Sprints mit Hilfe einer Stoppuhr nicht gänzlich vermeiden. Außerdem könnte sich ein unterschiedlich bzw. nicht vorhandenes Schuhwerk der Kinder auf die Einzeltestergebnisse auswirken. Nicht vorhandenes Sportzeug der Kinder, aufgrund von Kommunikationsproblemen innerhalb der Schule oder der Vergesslichkeit einzelner Kinder, könnte zudem unnötig negative Auswirkungen auf die Teilnehmerzahl haben. Die Unterschiede in der Sportbekleidung könnte das Ergebnis einzelner Testaufgaben, beispielsweise aufgrund eingeschränkter Beweglichkeit, ebenfalls beeinflussen. Neben diesen direkten Auswirkungen auf die Ergebnisse des DMT, könnten sich zusätzlich noch andere Aspekte auf die Reliabilität des Tests auswirken.

Die wechselnden Rahmenbedingungen der Schulsporthallen erfordern stets Improvisation seitens des Testteams. Unterschiedliche Rundenlängen beim Sechs-Minuten-Ausdauerlauf oder ein nach draußen verlagerter 20-Meter-Sprint könnten in Einzelfällen die Folge sein. Aufgrund unterschiedlicher Hallengrößen ist eine konsequent einheitliche Durchführung des Tests nicht möglich, wodurch die Vergleichbarkeit der ermittelten Daten sinkt. Zudem muss an den Testtagen während der Durchführungszeit teilweise der reguläre Sportunterricht der Schule aussetzen, was sich in Bezug auf das Ziel des Projekts „Berlin hat Talent", Kinder zum Sporttreiben zu motivieren, konträr darstellt. Darüber hinaus variiert der Durchführungszeitpunkt für die einzelnen Schulklassen, aufgrund mehrerer zu testenden Klassen an den jeweiligen Testtagen. Somit fällt der DMT für einige Schüler in die ersten und für einige in die letzten Unterrichtsstunden eines Schultages, was sich aufgrund veränderter Leistungsfähigkeit der Kinder zu unterschiedlichen Tageszeiten entsprechend auf das Ergebnis des DMT auswirken kann.

Um möglichst viele der zuvor genannten Kritikpunkte zu beseitigen und somit die Reliabilität der Ergebnisse zu steigern, würde sich beispielsweise eine zentrale Durchführung des DMT in ein und derselben Sporthalle eines strategisch günstig liegenden Bezirks anbieten. Für

Berlin würde sich dies, wie in der nachfolgenden Abbildung zu erkennen ist, aus geografischer Lage besonders in den Stadtbezirken Berlin-Mitte und Friedrichshain-Kreuzberg anbieten, die mit öffentlichen Verkehrsmitteln gut erreichbare sowie zentrale Bezirke in Berlin darstellen.

Abb. 7: Karte Berlins mit strategisch günstigen Stadtbezirken[6]

Durch eine fest installierte Sporthalle könnte eine gleichbleibende Umsetzung des DMT flächendeckend gewährleistet werden. Die einzelnen Schulklassen könnten ihre „Wandertage" dazu nutzen, an dem DMT teilzunehmen oder einen zusätzlichen sport-orientierten Wandertag erhalten. Die Durchführung würde weiterhin vormittags stattfinden können, wodurch sich die jeweiligen Schultage nicht verlängern. Der Sportunterricht an den Schulen würde in keiner Form beeinträchtigt werden, was hinsichtlich des Projektziels einen sehr entscheidenden Aspekt darstellt.

Aufgrund wegfallender Auf- und Abbauzeiten der einzelnen Teststationen wären sinnvolle Testerweiterungen möglich, die in der Sporthalle dauerhaft integriert werden könnten. Beispielsweise würden Messungenauigkeiten beim 20-Meter-Sprint mit Hilfe von Lichtschranken und auch unterschiedliche Rundenlängen beim Sechs-Minuten-Ausdauerlauf verhindert werden. Insgesamt würde die Testung aller Kinder unter gleichen Voraussetzungen eine enorme Aufwertung des Projekts bedeuten und die Aussagekraft der Ergebnisse steigern.

---

[6] Vgl. ProMix-Online (o. J.). *Friedrichshain-Kreuzberg.*

Aus inhaltlicher Sicht ist festzuhalten, dass der Deutsche Motorik-Test den aktuellen motorischen Leistungsstand der Kinder ermittelt, aber keine sportartspezifischen Fähigkeiten getestet werden. Es wäre jedoch überlegenswert die Visuomotorik, die Koordination von Bewegungsapparat und visueller Wahrnehmung, zu testen.

Für die Auge-Hand-Koordination würde sich die motorische Basisfertigkeit des Werfens anbieten. Beispielsweise könnte die Testaufgabe „Zielwerfen mit Fangen" integriert werden, um die Teilkörperkoordination bei Präzisionsaufgaben zu testen. Die Kinder müssten aus einer festgelegten Entfernung mit einem Tennisball in einen markierten Bereich der Hallenwand werfen und den Ball anschließend wieder in derselben Position fangen. Jeder Schüler hätte zehn Würfe, von denen die Anzahl gelungener Versuche notiert wird.

Zur Ermittlung der Auge-Fuß-Koordination eignet sich eine Koordinationsleiter oder auch eine Doppel-Koordinationsleiter, an der eine vorgegebene Schrittfolge korrekt ausgeführt werden muss und die dafür benötigte Zeit notiert wird. Neben der Koordination bei Präzisionsaufgaben wird hierbei auch die Aktionsschnelligkeit der Kinder getestet. Aufgrund der Vielzahl unterschiedlich komplexer Schrittfolgen ließe sich diese Aufgabe problemlos an bestimmte Altersbereiche anpassen. Beide dieser vorgestellten Aufgaben zur Testung der Visuomotorik orientieren sich an den motorischen Basisfertigkeiten und nehmen keinen großen Zeitaufwand bezüglich des Auf- und Abbaus in Anspruch. Sie eignen sich aus diesem Grund auch für die Umsetzung des DMT in den Schulen.

Die Feststellung der Beweglichkeit mittels der Rumpfbeuge im Rahmen des DMT ist nicht völlig frei von Kritik. Es ist festzuhalten, dass es sich bei der Beweglichkeit um eine Fähigkeit handelt, die sportartspezifisch unterschiedlich ausgeprägt ist und dadurch nur eine gering signifikante Aussagekraft besitzt. Aus diesen Gründen könnte die Ermittlung der Beweglichkeit beispielsweise durch eine weitere Testaufgabe zur Kraftausdauer ersetzt werden.

Eine zusätzliche Aufgabe zur Ermittlung der Kraftausdauer könnten die Klimmzüge darstellen. Die Schüler müssten beispielsweise in einer vorgegebenen Zeit die ihnen maximal mögliche Anzahl korrekt ausgeführter Klimmzüge durchführen. Diese Aufgabe könnte einen weiteren Indikator zur Messung der Kraftausdauer darstellen.

5.2 Fragenkatalog

Der begleitende Fragenkatalog des Projekts ließe sich gegebenenfalls um einige interessante Aspekte erweitern und in einzelnen Fragestellungen optimieren.

Zu Beginn des Fragebogens könnte die Frage nach der Nationalität interessante Erkenntnisse über die Integration von Kindern mit Migrationshintergrund liefern. In Verbindung mit der Selbsteinschätzung („Ich bin glücklich mit meinem Leben") oder der Frage nach möglichen „Freunden im Verein" könnten konkrete Zusammenhänge zwischen Integration und sportlicher Situation der Kinder identifiziert werden. Insbesondere auch aufgrund der aktuellen und womöglich anhaltenden Flüchtlingssituation könnten diese Informationen zukünftig von Interesse sein.

Bezüglich der sportlichen Erfahrungen der Kinder fällt auf, dass die Frage nach der Wunschsportart lediglich dann gestellt wird, wenn ein Schüler keinen Vereinssport betreibt. Es wäre durchaus interessant, die Wunsch- bzw. Lieblingssportart auch dann zu erfragen, wenn ein Kind einem Verein angehört, um eventuelle Auffälligkeiten aufzudecken. Da sich die Kinder dieser Stichprobe in einem Altersbereich von sechs bis elf Jahren und somit inmitten ihrer Entwicklung befinden, wären Unterschiede zwischen der ausgeübten und der präferierten Sportart zu erwarten.

Die Antwortmöglichkeiten der Frage „Welche Bewegungen machen dir am meisten Spaß?" könnten für die Kinder schwer verständlich sein. Es erscheint sinnvoll, die Antwortmöglichkeiten zu optimieren, indem „kraftbetonte/koordinative Bewegungen" in zwei Antworten unterteilt werden, da sie eine große Anzahl an Sportarten unterschiedlicher Anforderungen abdecken. So könnten beispielsweise Kampfsportarten und künstlerische Sportarten stärker voneinander abgegrenzt und für die Kinder eindeutiger dargestellt werden.

Der Teil der Befragung zum persönlichen Umfeld ließe sich, ohne den zeitlichen Rahmen deutlich zu erhöhen, um eine Frage hinsichtlich der Nutzungsdauer der eigenen technischen Geräte (Handy, Computer, Fernseher) erweitern. Hierbei könnte interessant sein, ob die Kinder ihre jeweiligen Geräte ohne zeitliche Begrenzung benutzen dürfen oder mit den Eltern eine zeitliche Regelung vereinbart wurde.

Einen zusätzlichen Teil des Fragenkatalogs könnte die Ernährung darstellen. Um den Zeitrahmen der Befragung nicht zu sprengen, könnten konkrete Fragestellungen in Erfahrung bringen, wie sich die Kinder ernähren, und inwieweit sie sich ihrer Ernährung bewusst sind. Da das Projekt das Ziel verfolgt, Kinder zum Sporttreiben und somit auch zu einer gesünderen Lebensweise zu motivieren, wäre es in diesem Zusammenhang durchaus angebracht, das Thema Ernährung mit einzubeziehen.

Die in diesem Kapitel dargestellten Verbesserungsvorschläge für den Fragenkatalog sind lediglich als Anregungen zu verstehen, die gegebenenfalls zu einer Optimierung der Befragung führen können.

6 Literaturverzeichnis

Abraldes Rois, L. und Zinner, J. (2014). „Berlin hat Talent": Ausgewählte Ergebnisse der Untersuchungen in Lichtenberg 2014. In: Zeitschrift für Gesundheit und Sport Band 4, Heft 1/2014. Berlin.

Berlin hat Talent (o. J.). Das Projektteam. http://berlin-hat-talent.de/das-projektteam/ (Zugriff am 22.06.2015).

Berlin hat Talent (o. J.). Hintergrundinformationen. http://berlin-hat-talent.de/hintergrund informationen-bht-und-dmt/. (Zugriff am 22.06.2015).

Bös, K. und Seidel, I. (2009). Deutscher Motorik-Test 6-18 (DMT 6-18): Grundlagen, Inhalte und Implikationen. http://dslv.de/uploads/media/seidel_boes_dmt6_18.pdf. (Zugriff am 26.06.2015).

Bös et al. (a). Bös, K., Schlenker, L., Büsch, D., Lämmle, L., Müller, H., Oberger, J. und Tittlbach, S. (2009). Deutscher Motorik-Test 6-18 (DMT 6-18): Erarbeitet vom ad-hoc-Ausschuss „Motorische Tests für Kinder und Jugendliche" der Deutschen Vereinigung für Sportwissenschaft (dvs). Czwalina Verlag, Hamburg.

Bös et al. (b). Bös, K., Worth, A., Opper, E., Oberger, J. und Woll, A. (1. Auflage, 2009). Motorik-Modul: Eine Studie zur motorischen Leistungsfähigkeit und körperlich-sportlichen Aktivität von Kindern und Jugendlichen in Deutschland – Abschlussbericht zum Forschungsprojekt. Nomos Verlag, Baden-Baden.

Krüger, M. und Neuber, N. (1. Auflage, 2011). Bildung im Sport – Beiträge zu einer zeitgemäßen Bildungsdebatte. VS Verlag für Sozialwissenschaften, Wiesbaden.

Lehrhilfen für den Sportunterricht (LfdS) (Heft 8, 2012). Durchführungsvarianten für den Deutschen Motorik-Test 6-18 im Sportunterricht. Hofmann Verlag, Schorndorf.

Neuendorff, M. (2015). Berlin sucht Supertalente für Olympia. In: Märkische OZ. http://www.moz.de/artikel-ansicht/dg/0/1/1365881. (Zugriff am 23.06.2015).

Schmidt, A. (2015). „Berlin hat Talent". In: European News Agency. http://www.en-a.de/sport_nachrichten/berlin_hat_talent-60545/. (Zugriff am 23.06.2015).

7 Anhang A

Fragenkatalog („Berlin hat Talent")

ID: _____

_____

| Geschlecht | ☐ weiblich ☐ männlich |

Schultyp:

Sportbetont ☐ Ja ☐ Nein

Deine sportlichen Erfahrungen

Treibst du im Verein Sport?

☐ Ja   Welche Sportart: _____   Verein: _____

An welchen Tagen treibst du Sport im Verein?

Mo	Di	Mi	Do	Fr	Sa	So
☐	☐	☐	☐	☐	☐	☐

☐ Nein   Was wäre deine Wunschsportart?   _____

Welche Bewegungen machen dir am meisten Spaß?

Spielerische, mit Anderen im Team (Fußball...)	Ausdauernde, mehr individuell (Laufen, Schwimmen...)	Kraftbetonte/ Koordinative, individuell (Turnen...)
☐	☐	☐

Dein sportliches Umfeld

	JA	NEIN	Weiß ich nicht
1. In meiner Familie wird regelmäßig Sport getrieben.	☐	☐	☐
2. Ich würde gerne öfter zum Sport gehen.	☐	☐	☐

3. Meine Hobbies in der Freizeit sind:

☐ künstlerische ☐ schulische (AGs) ☐ sportliche ☐ technische

	JA	NEIN	Weiß ich nicht
4. Auf die Sportstunden in der Schule freue ich mich.	☐	☐	☐
5. Ich habe in meinem Verein Freunde.	☐	☐	☐
6. Meine Familie findet es gut, dass ich Sport treibe.	☐	☐	☐
7. Mein Sportlehrer freut sich, dass ich auch im Verein Sport treibe.	☐	☐	☐

Dein persönliches Umfeld:

Hast du ein eigenes Handy:	☐ JA ☐ NEIN
Hast du einen eigenen Computer:	☐ JA ☐ NEIN
Hast du einen eigenen Fernseher:	☐ JA ☐ NEIN

Was machst du gerne?

	Sehr gerne	Gerne	Es geht so	Eher ungerne	Sehr ungerne
1. Wie gerne machst du **drinnen** etwas (bei dir zu Hause oder bei Freunden)?	☺	☺	☺	☹	☹
2. Wie gerne machst du **draußen** etwas (an der Luft)?	☺	☺	☺	☹	☹

Wie ist deine Selbsteinschätzung?

	Ich stimme voll und ganz zu	Ich stimme eher zu	Weder noch	Ich stimme eher nicht zu	Ich stimme ganz und gar nicht zu
1. Ich bin glücklich mit meinem Leben.	☺	☺	☺	☹	☹
2. Ich bin sehr schnell.	☺	☺	☺	☹	☹
3. Ich bin sehr ausdauernd.	☺	☺	☺	☹	☹
4. Ich bin sehr stark.	☺	☺	☺	☹	☹
5. Ich bin sehr sportlich.	☺	☺	☺	☹	☹